JN441162

가야 노래

최승학 시집

계간문예

■ 차례

시인의 말

빛과 어둠 속에서
높음과 낮음
있음과 없음
채움과 비움
찾음과 잃음
넓음과 좁음
많음과 적음
너와 나, 다름을 긍정하는
미묘한 아이러니였으므로
순간에서 순간을 이으며
살아낸 삶의 짙푸른 흔적이다.

눈발처럼 은하가 부서져 내려도
영원한 것
인간에는 애초에 없었으니,
들꽃 다발을 안개처럼 지워가는 세월
한낱 꿈밖의 꿈길로 여길지라도
나뭇잎 무성한 달맞이 터에서
온몸으로 맞는 달빛에 어찌 비할까?

2025년 솔향 고을에서

月臺山人 **최승학**

가갸 노래

Ⅱ. 젊은 나무들

Ⅲ. 경포, 물소리

Ⅳ. 사람과 사람

V. 들녘에 서서

Ⅵ. 몽혼에서 깨어

I

꽃의 언어

꽃차

청명하게
새벽을 피우며
풍기는
꽃냄새
가벼이 스치듯
읽어 내리다가
짐짓,
눈을 드니
연꽃 한 송이
우련한
새소리 줍는다.

푸른 매화

봄빛 사이사이
새 몸 얻어
다소곳 피어
상큼하게 떨며
푸른 색감 도는
매화

꽃잎 꽃잎에
매우 여리게
향내 눕혀 놓고서
우아하게 부르는
한 소절
소리 없는 노래

잔설 넘어
저리게 스미는 차가움
고귀하게 아로새기며
거짓말 같이
견고히 빛나는
희디흰 미소.

팔레놉시스

지난해
바로
이맘때처럼
물 긷는
저 고운 잎
꽃대 올리고
햇빛 불러
나비 접어
앉혔네.

망설이는 옥잠화

마당을 쓸고 있는데 옥잠화가 발견되었다
빗자루 대신 꽃자리 마련하여 피기를 기다렸다

기다리다 못해
돌아섰는데 꽃 속에 꽃이 있었다

조금 일찍 눈인사라도 건넸으면 덜 민망했을까

수국 꽃잎에 가렸어도 옥비녀 닮은 어깨
보일 듯 말듯 추슬러 잎을 딛고 피었다

사바나 얼룩말처럼 진한 얼룩 아닌
맑은 피부 진초록 잎에 도돌도돌 새긴 무늬
꽃의 오물거림
꽃의 골똘한 생각
꽃의 완강한 곡선까지
하얀 웃음을 소리 나지 않게 뿌렸다

흔하게 사라지는 소망과 퇴근길과 노랫말과
뙤약볕을 거부하며 깜깜한 몇 날을 보낸 후

준 것보다 받은 것이 더 많은
불현듯 사랑이 촘촘히 만져질 것 같은

멈칫멈칫 투명한 일렁임이 꽃 언저리에 머물렀다

꽃다운 날 만났더라면 애틋한 마음 엷디엷게
푸른 바람이 은밀하게 옮겼을 것이다.

해당화

바다에서 하늘까지
해돋이 얼마나 밝았는지
해당화는 바라보지 못했다네

사각사각 모래톱
햇덩이 너무나 뜨거워서
해당화는 안아볼 수 없었다네

바다솔 마저 돌려세워
길이와 너비를 가늠키 어려운
해당화의 꿈은 오로라였던가

밤이슬에 담뿍 젖어도
파도 소리 너무 깊어
잠을 이루지 못하였다네.

난을 바라보며

화분이 높다는 거
높은 까닭에 바라본다는 거
시야가 갑자기 환해진다는 거
봄을 알려주는 잔잔한 설렘입니다

물 한 모금도 가려 마시는,
그늘 빛을 더 좋아하는,
불현듯 만나게 되는
수결手決 같은 새 촉이 반갑습니다

족히 일 년은 지나
느긋하게, 은근하게 기다려야
보일까 말까
꽃망울을 터뜨리는 생애

싱싱하게 뻗은 잎에
결 고운 숨소리 덧대어
알 듯 모를 듯 머금은 미소
읽어내기 어려워 그대로 세워둡니다.

나리, 참나리

들꽃 나리들의 왕
꽃다운 얼굴
진초록 풀여치 보란 듯
당당하다

어긋나기 잎차례
엷은 미소 감돌고
휠만큼 무거운 꽃대
하늘을 겨냥하는 꽃

한 올 바람에도 생기 솟는
우람하게 꽃꽃한 허리
주황색 바탕 투박한 반점에
손색없이 드러났는데

이름마저 나리, 참나리
깨끗한 마음
고스란히 밝혔으니
꽃말 그대로 순결, 진실
제격 맞춤이다

층층의 잎겨드랑이 씨눈*
들판에, 산기슭에 흩뿌린
여름의 끝자락
꽃마다 반가워 소스라친다.

씨눈: 살눈, 주아珠芽라고도 함

미소 순한 들꽃

저절로 피어 흔한 꽃
제멋대로 화사한 들꽃
눈에 가득 찰만큼 폈어도
조용히 웃음 주는 꽃

제때에 뿌려져서
제바람에 자라나
더욱 단정하고 공교한
제풀에 피어난 꽃

알 듯 모를 듯 향 품고
무리지어 피는 삶
순하게 바라보는 이 있어
하얀 미소 들어올리며

함초롬히 이슬에 젖는다
마음껏 하늘이 그립다
갈 길 가까워도 멀다 여기며
자유로이 바람결에 안긴다.

국화차

찻물
하 맑아
꽃 띄우고

산 그림자
함께
우려내는데

열사흘
달빛 올올이
피어난다.

민들레 홀씨 되어

겨울 차가운 기운
미처 가시기도 전
가느다란 봄비 마시고
기어이 일어선 민들레
시냇물 소리 들리는 한낮
푸릇푸릇 초록 손들이 받쳐든 꽃
이별 남기고 사라지 듯
마음에 새긴 꽃말의 뜻
흑백사진인 양 선명하게 남았는데
지극한 어려움 뿌리치고
망설임 숨기며 나누었던 이야기들
모두 감사할 일
미래가 자라는 모습 흐뭇하게 바라보며
세상 구경 떠돌다가
하얀 눈꽃 같은 민들레 홀씨 되어
알 수 없는 머나먼 그 어디에
사뿐히 내려앉아
젊은 날의 낭만과 의기를 기억하며
싹 틔우고 뿌리내리는
별빛 같이 빛나는 꿈

풀냄새 그윽한 들녘 낭랑한 바람 향한
가지런히 손 모은 기도이기를

접시꽃의 결석

창문은 하나같이 조금씩 열려있었다
톱니바퀴 이가 빠진 줄도 모르고
무딘 음악 종소리 불규칙하게 아득하였다
어제는 다섯 아이가 보이더니
오늘은 두 아이가 보였다
내일은 한 아이 아니,
전혀 보이지 않을 아이가 있을 것이다
한 시절 분주했던 만국기 펄럭임 그친 하늘
아이들 티 없는 휘파람 메아리처럼 흔들려
어두운 느티나무 그루터기에 스러졌다
한걸음에 달려 건너던 다리 옆 코스모스 길
긴 긴 터널을 지나며 갈피를 잃었다
마음 두고 사람 떠나는 소멸의 풍경이었을까
쓸모 있는지 없는지 구별하지 않던 운동장
지푸라기 들고 당혹스러워 하는데
페인트 칠 벗겨진 화장실 벽
'사랑 한다' 칠순의 낙서는 씁쓸하게 웃었다
접시꽃은 결석하고 쑥대들만 무성한 교실엔
인기척 없는 복도와 신발장과 청소함 앞에
더욱 멀어져 보이는 감탄사 걸쳐두고

귀촌歸村의 기적 밀려올지 모르는
미래의 실마리를 현미경이 풀고 있었다.

Ⅱ

젊은 나무들

모과나무

연분홍 꽃 지고
신록에 마구 뒹굴며
보낸 열매시절
누구도 어쩌지 못하는
울퉁불퉁 얼굴 가졌지
시고 떫은 맛마저 지녔으니
햇빛이 하 가여워
잎 다 진 가지 위에
노랗게 익혀 올려서
은은한 향기
오래오래 남겨두었지.

익어가는 나무들

바람이 분다. 새싹 틔우려는 바람이다
빗소리를 데리고 오는 따뜻한 바람이다
손끝 야무진 농부처럼
씨앗 모두들 건강한지
흠뻑 물기를 품었는지 돌보는 바람이다

찰진 공기와 햇빛 도움 빛나는
봄 지나고 여름 내내
샘에서 길어 올린 물의 합창에 어울리게
가지를 벌이고 잎맥 도드라지게 살찌움은
넉넉하고 풍성한 계절을 예비하는 일

좋은 일 나쁜 일 뒤섞여 몸부림하는
억지 부리듯 손 벗어난 바람 몰아치는데
흔들릴지언정 무너짐 허락지 않는
천년을 터 잡고 그윽하게 익어가는 나무들
척박한 곳에서도 생명의 웃음 탐스러워라

태백산맥 산줄기 굽이치며 우거진 숲
그루터기 마다 가꿔준 솜씨는 바람인데

높고 낮은 기울기 이겨낸 잎겨드랑이
한 방향으로 깃을 펴들고 달리는 열망은
무엇을 향한 믿음이며 따름인가

뿌리와 가지 이어준 줄기
바람의 손때 묻은 물 나누어 마시고
숨 고르기 생생해져 자라남 북돋운 나무들
천성이 부러움 몰라 남 따라할 줄 모르니
키 다툼 몸매겨루기는 햇빛에게 맡긴다.

하늘빛 나뭇결

나뭇잎 사이로
자잘하게 부서지는 하늘빛
아무도 알아보지 못하는 옥돌 같다
옥돌이라 한들 갈고 닦지 않으면
이름 없는 잡석이나 다름없는 돌
진솔을 보고도 깨닫지 못하는
청맹과니 눈이다

푸른 하늘빛 바탕에
자잘하게 날리는 나뭇잎
아무도 거들떠보지 않지만 나무다
눈여겨지지 않아도
나뭇결은 빛을 지닌다는 것
일상의 문틀에 낀
사람살이의 티끌이다

나뭇잎에 부서지는 햇빛
푸른 하늘빛에 날리는 나뭇잎
동전의 앞면 뒷면 같은 것
옥돌을 알아보지 못하는 눈이나

눈여겨지지 않아도 나뭇결 빛 지님은
하나 같이
삶이 지나가는 찰나다.

소나무 옹이 하나

대청마루 딱딱한 바닥
커다란 소나무 옹이 무늬 가리려고
앞뒤로 끄덕이는 의자를 앉혔는데
의자는 흔들릴 때마다
반은 긍정 반은 부정으로 흘깃거렸다

마룻바닥 옹이 무늬에는
무표정한 언저리 그 위에
무수한 세월의 자국이 굴러갔고
세월 자국 따라 인생이 흘렀어도
내 안을 잡은 손 놓치지 않았고

마흔 몇 해 선생님 흉내내며
사글세 집을 전전하며
근근이 끼니를 이으며 살았는데
기울어진 문장紋章처럼, 늘
옹이 무늬는 어쩌자고 붙어 다녔는가

아무에게도 드러내고 싶지 않은
소나무 옹이 같은 젖은 가슴 하나

누구나 숨겨두고 살았을 테지만
안락의자로도 가려지지 않은 모습
그마저도 엎질러질까 아슬아슬했다.

툭

툭
속이 꽉 차게 영글었다
알리는 소리

툭
파릇한 유년이 익어
자유로이 떨어지는 몸짓

상수리 열매 얼레 들며
툭 툭
성숙하는 안간힘이다

초록 바람 비우는
정령들의 고운 산울림이다
툭 투둑

나뭇잎 사이로

겨우내 바람에 흔들리던
밋밋한 가지
봄맞이 잎
헤아릴 수 없이 늘리어
헤픈 삶 속 안 보이게
앞을 가렸었는데
마블링처럼 겹치는
나뭇잎 사이로
하늘이 손짓한다
사람 견주는 버릇 버리고
하늘빛에 담겨보라는 듯

바람 맞는 나무

감자알이 다 영글어 부담스러울 때까지
놓아주지 않는 흙의 기다림처럼
온전히 펴지지 않은 파초에 마음껏 빛을 쏘는 태양처럼
나뭇가지를 헤살하는 바람에
떨어질 줄 아는 잎을 붙잡지 않는 가지는 없다
다만 어지러운 잎과 가지 공교롭게 얽혀 있다면
거센 흔들림 흩기 위한 지극히 어려운 견딤의 자세일 뿐

이리저리 방향 잃은 바람을 향해 서 있는 나무
잔가지든 굵은 가지든
아무리해도 지탱하지 못해 꺾이고 구겨진 잎 껴안고
휘청거리는 몸짓하며
구르는 바람소리로부터 버팀은
부름켜에 힘을 밀어 넣고
발끝 세워 일어서겠다는 열망에서 솟아나는 몸부림일 뿐

두께를 알 수 없는 어둠에 감겨있는 나무
그리하여 자신의 몸피조차 살펴보기 힘겨운 나무
하릴없이 날아가는
탐스러운 잎 싱싱한 빛깔

살아나지 않아 안타까워하며
바닥에 넘어져 누운 잎들을 붙들고 있음은
세상은 밝아야 한다, 빛 부셔야 한다는 믿음이 있었을 뿐

이리저리 끌려 다니는 바람의 꼬리에 휘말려
앙상한 잎마저 잃어버린 나무
구음口音의 소용돌이 앞에 무작정 떨고 있는데
푸른 눈을 하고
푸른 가슴 지닌
푸른 춤을 추는, 넌지시
바람막이 되어줄 이웃 함께 있음에 반려의 숲길 열었을 뿐

젊어지는 나무

태양에서 출발한 빛이다
지구에 도착하자마자 나무 빛이 된다
나무는 한 모금 빛을 머금고 입안에 굴리다가
시끄러운 세상 못들은 척 기억의 나이테에 가둔다

튼튼한 가지는 옷 벗어 던진 피부를 자랑삼아 새로워진다
지심에서 길어 올린 물을 뿌려 새순을 도드라지게 밀어 올린다
빛을 많이 품을수록 윤택해지는 나무
시간이 더해지고 흙의 은혜를 먹으며 몸은 굵어진다
비로소 나무의 손 발 몸통 얼굴은 제 색깔을 드러낸다
햇살 간직한 나무들은 따뜻한 기운을 이웃에게 고루 나눈다

나이가 들수록 젊어지는 나무, 젊어질수록 불길을 닮는 나뭇잎은
초록 불꽃을 태우며 골똘한 생각을 정리한 다음 깊은 숨쉬기를 되풀이한다

가늘고 작은 붓이 긋고 지나간 바늘잎나무의 가느다란 빛

반사와, 굵고 둥근 붓이 듬성듬성 찍고 번져간 넓은잎나무의 굵직굵직한 자람이 겹치어

겹겹이 쌓이는 바람 잎겨드랑이에 머무르게 하여 새로운 옹이를 여물게 하는데

잎에서 잎으로
가지에서 가지로
둥치에서 둥치로
바이러스 옮아가듯
서로의 온기를 나누어가지며
손짓 발짓 몸짓으로 소리 없는 이야기를 주고받는

산등성이에 태어난 소나무
산자락에 아무렇게 자라난 굴참나무
산골짜기에 가까스로 발을 붙인 벚나무
등성마루에 겨우 목숨부지한 키 낮은 철쭉
보일까말까 언덕을 돌아가는 아카시아 흩날리는 꽃잎
그들의 꿈은 무리지어 자라나 숲을 이루는 것

빈틈을 찾지 못 할 만큼 가지 벌이어

나무의 일생이 무르익어 갈 무렵
눈으로는 확인할 수 없이 먼 우주의 별자리처럼 폭발하는 나무들 세상
어린 나무들이 환호의 웃음소리 뿌리는 동안
거대한 희망의 포부를 가진 나무는 열정 가득한 잔가지를 늘여간다.

지금까지 보지 못했던 숲의 등뼈를 이루고 햇살을 되비치는 나무들
풍부한 식사를 마친 모습 찬란하다
숲의 꿈이 지상을 덮는다

차가움에 움츠러든 가지의 가슴을 활짝 펴주어
계절 가득 피어난 꽃들의 씨앗 맺기 소망은 하늘에 맡기고
숲을 받들고 달리는 바람 그림자 끌어당기며
연두색으로 또는 초록색으로 꿈꾸는 나무들은 눈부시다
숲의 밑그림이 우주를 향하는 것처럼

섬으로 보내리라

생강나무 꽃술을 셀 수 있는 밝은 눈을 위해
섬으로 보내리라
새소리 파도소리 바람소리 가려내는 섬세한
귀를 갖도록 섬으로 보내리라
우뭇가사리와 청각 맛이 어찌하여 달라졌는지
섬으로 보내면 저절로 알게 되리라

아이가 태어나면 서울로 보내야 한다는
전설 같은 이야기에 얽매이지 않고
나는 아이를 섬으로 보내리라
해로운 잡동사니 범접 멀리하고
구름 비 바람 번개의 섭리 가까이하여
스스로를 다스릴 줄 알게 섬으로 보내리라

조랑말과 맨발로 뛰어놀고 산토끼를 쫓으며
들꽃 향기에 묻히어 생생한 사람이 되어가는
사람 냄새가 나는 사람
천연의 사람이 탄생하는 날을 위하여
아이가 태어나면
홍옥 빛 동백 곱게 피어나는 섬으로 보내리라.

사시나무의 독백

휘파람에 젖은 사시나무 잎은 떨어지는 소리를 흔들었다

나는 오래된 나에게 갇혀있었으므로 사시나무 잎이라고 불리는 얇은 나풀거림에서 암모나이트 화석처럼 똘똘 말린 꿈의 소식을 들을 수 없었다

오래된 나에게서 나를 꺼내면 만나보지 못한 나를 꺼내게 되고 꺼내놓고도 보고 싶지 않을 나는 오래된 나에게로 다시 돌아갈 수 없을 터이니 정말 나는 오래된 나를 알아차릴 길이 없었는가 보다

휘파람 소리는 겹겹이 노래를 흩었다

문고리에 닿아보지도 못하고 휩쓸리며 날아가는 사시나무 잎의 엉거주춤한 날림은 심층수 절임을 닮아갔다

된바람이 할퀴어 터버린 손등에 눈물을 떨어뜨리고 갈바람의 눈물을 덧칠하였을 때 감추어 둔 오래된 내 등신 같은 기억의 난간이 떨어져나갔다

지금의 나를 오래된 나에게 구겨 넣었더라면 정말의 내가 사진처럼 선명하게 인화될 수 있었을까? 만나보지 못한 나와 오래된 내가 만날 일이 일어날지 일어나지 않을지는 수수께끼가 되었다

바싹 마른 사시나무 잎이 축 늘어진 목소리를 등지며 깃발처럼 흘러내렸다

오래된 내 생각을 갉아먹으며 나는 지금까지 연명하였다
조심조심 생각을 조금씩 떼어먹으며 가여운 나를 걱정했다

염탐 잘하는 나는 오래된 나를 풀어헤치고 얇은 나풀거림과 옷고름을 맺었다

오늘 예쁜 억새 바람이 나에게로 불었다
가을 색에서 겨울 색으로 갈아입는 너무나 좋은 억새 바람이 사시나무 잎을 나부끼게 하였다

억새 바람이 휘파람의 속도로 가슴을 스쳤다. 바람의 뒷모습이 미끄러져 갔다.

혼자 서 있는 나무

그림자마저
불그레한 시간

바람에 녹여온
오랜 보고픔 안고
나무는 서 있습니다

속살 보이는 잎
잔가지 갈래마다
은밀한 초록 미소
빛나는 눈부심으로

꽃필 자리 찾아
꽃씨 눈뜸 고이 안아

잎 피는 계절을
화사한 깊고 푸름을
넉넉한 열매시절을
풋것인 채 담고 싶어

숲길 열어
봄 노을을 기다립니다.

검은 벚나무

해돋이가 방문했다기에 달려가니 까마득히 꽃잎은 날리고, 대관령을 넘어 터미널오거리를 거쳐 화부산사를 휘돌아 오죽헌을 지나는 굿모닝여행사 버스가 토한 매연을 뒤집어쓴 채 경포대 가는 길가에는 검은 벚꽃이 피었네

만나 보나 마나 한 그렇고 그런 얼굴들 그것도 그것 같고 저것도 저것 같은 눈금 없는 저울의 언어들이 검은 벚꽃을 가로수에 붙였다 뗐다 하였네

야생성을 잃은 꽃들이 편을 가르는데 경건한 척 검은 피부를 가진 꽃들은 우아하게 웃으려 애쓰며 다른 쪽으로 파닥이는 꽃잎 날림에 단물 빠진 비난을 날렸네

그토록 적대시하던 사대주의가 어린이집 미끄럼틀에, 남산 공원 벤치에, 김밥천국 차림표에, 독립기념관 호국의 길에, 시립도서관 출입문에, 중앙시장 과일바구니에, 인천국제공항 이정표에, 백화점 진열대, 마네킹 발끝에, 제주도행 선착장 난간에, 프로야구 관중석 올라가는 계단에, 아 아! 발걸음을 비틀거리게 하는 운동화 바닥에, 검은 꽃잎들을 흩날렸네

축음기박물관에 쌓여있는 에디슨의 짧은 노래를 긴 노래로 불러내보지마는 검은 꽃잎들은 낭만적 무대를 잃어버리고 녹음되어 있던 나태에 걸려들었네

단단한 어둠일수록 화창한 꽃이 실패하므로 봄을 기다릴 필요 없는 벚나무는 깜깜한 밤과 마주 앉아 맥주에 소주를 말아 마시며 망각의 목뼈를 꺾었네

정동진 안쪽인 듯 모래는 버려두고 어찌 웅크린 기다림 같은 시계만 들고 왔을까?
경포대 가는 길가에 해돋이가 출타하여 검은 벚꽃 잎들을 까마득히 뿌렸네.

Ⅲ

경포, 물소리

빗소리

세상 떠돌다
붉은 먼지에 젖은 몸
시원히 씻어주며
부끄럼 없이
알몸으로 살라네.

봄비

밤새
내린 보슬비
머리부터 발끝
젖은 어깨 팔
허리 다리
손가락에
풀잎 돋네

은빛 머금은
속삭임
가슴에 내려
숨쉬기 편하고
맥박 순조롭게
꽃잎 모양으로
빛나네

터질듯
부풀어 오른
섬 어름
동백 숲

꽃 자국 몰래
꽃 지는 소리
아슴푸레 들리네.

새벽 물소리

새벽마다 잠잠하던 귀
어둑어둑 헛기침을 밟으며
뒤꼍에 발 구르며 흐르는
물소리 가져와 빛난다

떨어지거나 담길 때
물은 부서지는 소리 흩는다
흐르거나 끓을 때
부서지는 몸짓은 소리를 입는다

부서지며 흐르는 물방울
흘렀으므로 거세게 떨어지고
머리로 내는 소리의 공명으로
새벽의 피부를 두드린다

뒤틀었다 펴지며 투명하게 맺힌
발랄하게 흩어지며 부서지는
소리 속의 물방울
파란 눈동자의 새처럼 날아오르고

맑은 물은 부서지고 소리 내며
물방울에 목숨을 불어넣는다
숨소리 솟아나 목숨 이은 물
물방울은 잠겼다 다시 살아난다.

파도 위에서

무작정 바라보고 있으면 바다는 어느새 목젖까지 차오릅니다 바람보다 더 높이 날리는 파도의 악몽이 언제 끝날지 모르기에 망설임 길어집니다 비틀거리는 발걸음을 바로 세울 수 없습니다 바다는 끝없이 되풀이하는 피로의 무릎관절이 유모차를 밀며 걷는 사이 기억상실증에 시달립니다

빈 소주병에서 솟아난 태풍이 거꾸로 처박힌 유리잔에 용오름을 거칠게 일으킵니다 코피가 터지도록 퍼마신 바람 어쩔 수 없어 밤거리 잠재운 무채색처럼 방황합니다 벗어나고 싶은 현실에서 죽고 싶다고 고래고래 소리 지르는 반어법의 불가능이 미래를 옭아맵니다

바다 위 파도보다 땅 위 파도가 더 모질고 억셉니다
물결의 숨 쉬는 표정을 쪽빛으로 물들여도 혀의 모함은 그칠 둘 모릅니다
마치 패를 나누어 이김도 짐도 없는 다툼과 같습니다
그러므로 파도의 우격다짐으로 잠재울 수 없습니다

파도의 잠속을 배회하는 조각배는 물이랑의 높낮이에 따라 휘둘리기 쉽습니다

표정은 순한 양 같지만 속내는 예측 가능성을 허물어트립니다 때로는 체념한 것 같은 몸짓이나 깃털 같은 충격에도 용틀임이 놀랍습니다 속살 여린 몸매의 여인을 포옹하듯 파도가 허락하는 대로 몸을 맡기어야 합니다

멈춤을 모르는 바람이 등을 떠밀며 파도의 동굴 지나는 발길은 세상 굴러가는 속도를 잊게 합니다. 오래 나를 비웠던 내가 동해에서 서해에서 높이 남해에서 더 높이 치솟으려는 열망 넘쳐 아득한 물굽이 등마루를 미치도록 만지고 싶은 충동들로 출렁입니다 언제 구름이나 바람이 방향을 잡을지 알 길 멉니다

손 하나 더 달려있다 해도 잡히지 않는 바른길 휘돎은 죄짓지 않았는데 죄지은 것 같은 기분을 들게 합니다 쇠창살같이 파리하게 빈 섬이 악다구니로 소리쳐도 메아리는 깨어나지 못합니다 들끓는 바다의 함성을 아득한 수평선으로 밀어 넣는 포말들의 변형된 물방울에 그림자 어지럽습니다.

무심한 눈

아무것도 보이지 않아 속수무책이었다

곧 울음 터뜨릴 것 같은 구름장
하늘 반쯤에 걸려있다 흘러내렸다
오래도록 고집스레 엎드린 골목 쇼윈도
싸락눈이 들이쳤다
더러운 담벼락 무너뜨렸으면 좋겠다
가당찮은 음악 흘러야 풍경 바로잡힐 거라
검은 구름은 기대하는 걸까
내리다 내리다가 내리는 함박눈
딱딱하게 들키고도 얼굴색 그대로
절망 보고도 절망하지 않고 감감하였다
철렁 내려앉는 가슴은 사양할 것이다
찬물보다 차가운 눈송이
길을 지우려는
얼음안개 적나라했다
형광등 가로수 라면봉지도 묻혀버린 거리
한동안 저절로 녹게 좀 내버려둘 것을

눈발에 자라난 차가움은 늘 혼자였다

무심한 눈에 끌려나온 나는 무심하려 애썼다.

자국눈

점
점 점 점
점 점
점
점·······

아이들 나무
거리 발자국
은그릇 스치는
소리 속으로
잊혀지려는지

나부끼는
회색 스카프
머뭇거리며
한 장 남은
오솔길에 묻힐 듯

포구에서

새벽 방파제
시린 물보라
손을 샅에 넣으면
풀리는 아림
허리 굽혀
물속에서 떠올라
살아보겠다는
파도 본 적 있는가

입술 보이지 않아도
겸손한 설화 읽힌다.

바다의 눈짓

하루 종일 바다 물끄러미 바라보는 마음에는
불현듯 보인다

도대체 이루어지지 않은 기도문보다
낱말 많은 구어체보다 눈짓체가 소통이 쉽다고
바다는 출렁거리며 눈짓을 한다

바라보는 표정이 슬프면 슬픈, 맑으면 맑은,
지켜보는 눈동자 매우면 매운, 고우면 고운,
촉촉한 입맵시 반쯤 벌이며 마음껏 지은 눈짓

들판에 날리는 말갈기처럼 밀려드는 물굽이
낱글자마냥 모여 문장이 되고 흩어져 소리치며
바다의 심중을 짐작하게 하는데

좋아한다 말 한 마디 뱉지 못한 숙맥 같은
어쩌다 파도 한 줌 일지 않는 심심한 바다
바닷말의 미로는 속사연 끝내 드러내지 않고

천 년 째면 어떤가

수억만 넌 지났으면 또 어떤가
파도 바라보며 멍한 오늘 그냥 좋지 않은가.

여름을 담그면서

초막골을 시작으로 어흘리에 이른 골짜기
서슬 푸른 여름의 난반사 털어내고 싶어
시냇물에 발 담그고 땀방울 긋기 기다리며
무념무상의 새소리 물소리에 귀를 맡겼네

무언가 발가락 간질여 천천히 눈을 맞추니
버들치인지 송사리인지
가장 맑은 물에 산다는 물고기들
투명하게 나무 그림자 쓸며 노닐고 있었네

너무도 깨끗하다 싶어 물 흐름 만져보니
푸짐한 그늘 안고 시원하게 찰랑거려
깍둑썰기 서툰 아낙의 시샘 두고 온 일
맨발 받친 물돌 무늬처럼 까마득히 잊었네

밀린 숙제 같은 감자 캐기 미뤄두고
풀이 산을 이룬 텃밭 김매기도 외면한 채
삼포암 너럭바위 부딪는 물방울 바라보며
검은 구름 밀어낸 무지개에 여름을 담갔네.

경포습지에서

말인즉
가시연 탓이라지만
그 그늘
날카로운 가시 있어
떼를 지은 어리연꽃
키 얕은 미소 때문일 터

간간이 불어주는 실바람이 접어주는
물 주름 머문, 거기
향기를 전하기엔
아직 이른 참이다

물풀들 부딪힘 사이에
한 송이
두 송이
· · · · · · · ·
시나브로 연꽃이 일어난다.

찬란한 물결

1.
비 온 뒤 젖은 들에
명아주 쇠비름 피 바랭이 쇠뜨기
물밀듯 돋아난 풍경 풍요롭다
무궁무진이다
끝없이 성장의 몸짓으로 나풀거리며
하늘을 찌르는 시늉에 익숙해지는
초록색 유기질 베 짜기를 다그치는
흐름을 보이지 않게 애무하는
물의 끈질긴 힘줄

2.
두고 보기에 편안한
중두리 자배기 두멍 푼주 동이 밥소라 귀때
물행주 지난 자리 더욱 단단해진 피부
부드럽다 못해 윤기까지 흘러
아름드리 큰 것이든
주먹만 한 작은 것이든
닦으면 닦을수록 본색 드러나는,
쓰면 쓸수록 정갈함 새로워지는

물의 변신

3.
더운물 찬물 넘나들어
피부가 얇아졌다
허물이 벗겨졌다
몸무게가 가벼워졌다.
멈출 수 없이 벗는 몸짓을 되풀이하는 동안
사람 껍데기가 벗겨지는,
그리하여, 아픈 마음의 허물이 떨어져 나갈 때
살빛 돌게 하는
기적 같은 놀라움

4.
가없는 기다림을 지나면
침묵도 물이 된다
없음에 있음을 꼿꼿이 세운
지구 맥박에서 배어나온 종유석 그 끝의
물 한 방울처럼
고요 속에서

없는 듯 있는, 멈춘 듯 움직이는 출렁임
물의 웅변이다
물이 살아나는 방식이다

5.
삼각, 육각의 물은 있을지 몰라도
삐뚤삐뚤한 물은 없다
높고 낮은 것도 없을 뿐만 아니라
어두움에 묻힌 물도 없다
예리한 각도로 직진하고 반사하여
그 어떤 빛보다 찬란한 물의 이름을 부르며
쏟아지거나 떨어진다
본능대로 채워지거나 담겨진다
물은 물속에서 스스로 맑아진다.

느릅나무 냇가

우레와 천둥 소나기
햇빛 가리어 화들짝 놀라
참담한 세월 흐른 냇가 이르렀는데
톱날 세운 잎들 펄럭이고 있었다

청춘의 마지막 밤처럼
깃 세운 듯 짙푸른 초록
느릅나무 우거진 숲에는
용쓰던 바위만 우두커니 앉았을 뿐

먹구름 걸린 북녘고개 넘치도록
6·25전쟁 피비린내 넘쳤던 느릅내
나무껍질 기억에 누구 이름 남았는지
어림짐작 갸웃거림의 바스러진 세월

광풍에 떨어져간 나뭇잎처럼
냇물 따라 사라진 곳 어디였는지
거부의 몸짓도 못 남기고 스러졌는지
고사목처럼 삭아버린 한恨 아득하였다.

Ⅳ

사람과 사람

하얀 고무신

바닥이 다 닳도록
얻은 것 무엇이며
깨달은 것 또 무엇

목욕재개 뒤
화두 품고 정진
고행의 끝은 어디

동자스님에서
행자스님으로
노스님까지 섬긴
발의 발원이여

마른 잎 구르듯
고요 부르는 몸짓
고무신 끄는 소리

가벼운 사람

가진 것 없어

마음이 비어있는 사람

정말 아무것도 가진 것 없어

가벼운 사람

하늘과 바다가 엮은 저 깊은 푸르름을

다 가져도 좋을 사람

기별

버들개지 눈트는
뽀얀 갯버들의 봄
오밀조밀 연두색 안개 스미는
앞마당 홀로 지키는데
고운 이 기별
꼭 올 것만 같아
자주 바깥문으로 눈이 갔다.

느린 편지

꽃바람 일어나는 벌판
깊이 팔수록 서술이 진부하다

대본에서 밀려난 내 물결
땅 멀미하며 구겨져 낡아간다

시간의 거품 자자드는 동안
느린 편지는 배달을 기다린다

포옹

한때, 나는 불꽃의 노예가 되어 말머리와 말꼬리를 잃었다

맥박은 정상 혈압을 웃돌았다 열에 휘감겨 간이 오그라드는 듯했다 볼 살은 머리끝을 잡아당겼다 열이 오르면 소름이 돋아도 느낌은 나비처럼 날아가는 것인가 얼결에 만진 물컹한 감정은 어디론가 가버리고 죽음을 덧입은 것 같았다 너무 뜨거워 마시지 못한 커피를 들고도 어찌하여 딱딱한 마음을 주무르고 있는지…

엎드려 시를 쓰는 버릇을 버리지 못하여 어디서 주워들었는지 알 수 없는 낭송시에서 라일락 향기가 흐르는 것도 알아차리지 못했다 감춰진 불티에 감전됐었을까

저 길 건너 뒤안길을 얼굴 화끈거리게 달리는 불자동차 숫자는 가물가물하여 끝내 기억에 남지 않았다 세상이 흐릿했다 아득한 몽환 속 가장 안쪽에는 어수선한 문장文章의 조각들이 다닥다닥 붙어있었다

두 개의 촛불은 두 개의 몸을 반사시켜 네 개의 그림자로 만들었다 두 개의 촛불은 네 개의 몸 그림자 되어 여덟 개의 촛불그림자를 그렸는데, 어느 게 정말 살의 실루엣인지 몰라보았다.

도란도란

하나 그리고 하나
인연의 끈 이으며 하나 됐다
둘이면서 하나인 몸이 되자
새벽에 똘똘하게 나가
파김치로 저녁에 돌아와서는
전등도 못 끈 채 밤을 맞았다
미래를 켜 놓고
밝은 햇덩이를 안듯
둘은 해를 넘기면서 셋 되었다
몇 해가 쌓이면서 넷을 이뤘다
둘일 때 도란도란
셋 넷일 때도 도란도란
첫째를 대처에 보내고
둘째를 외국으로 보내놓고도
도란 밖에 몰랐다. 도란도란
앞만 보고 내달리던 무릎에
시린 틀니가 걸리고
잔주름 무성한 턱에 검버섯 돋은
나지막한 눈높이의 청초한 사랑
넷이 셋 되고

셋이 둘 되는
윤회의 덫에 걸린 세월 앞에서도
도   도
란   란
도란도란

날개

고요와 친하니 눈물이 잦아
겨우내 얼었던 가슴
한 모금 봄 바다에도 풀리네

생각의 치수만큼 자라는
빛과 소리의 살갗처럼
나의 날개는 가벼워지네

슬픔이 진실을 만날 때
순수의 어미말이
파도를 노래 부르네.

빨랫줄

가끔 이리저리 흔들렸다

아비의 양말을 풀죽이고 빠져나온 아들의 검은 양말

어미의 가슴가리개를 찌그러뜨린 딸의 빨간 브래지어

바람에 맡겨두었던 얼굴들 가볍게 말랐다.

고속의 시대

어둑어둑한 새벽
시간의 날개를 갉아먹으며
바늘잎나무 혹은 들꽃들이
점묘법으로 눈을 뜬다

뿌리들은 숨죽이던 망설임 끝내고
가까스로 깨어나 눈초리 빛내며
가장 부드러운 나뭇잎 향하여
구름처럼 자라나는 소리 던지는데

무쇠 솥 무게로 누르는
답답한 맥박의 틈바구니에서
새날맏이 꿈 보듬은 씨앗을 위하여
우리들은 무엇을 갈무리하였을까

초음속만이 살아있는 시대
황금을 향해 이정표도 무시한 채
질주하는 사람 마음
레이더를 세우고 몸부림친다.

마음 깊은 이

수평선이 이글거리며
폭파하듯
천둥소리 옹골차게 쏟아 부었다

길길이 솟구쳐 올라
어둠을 감아버리는 물결
토박이 파도막이에 부딪는 소리 치열했다

갯바위에 부딪혀 산산 조각난
꿈을 꿰어 맞추느라
물보라는 그리도 애써 형형색색 되었던가

지난밤 내내
돌 많이 짊어진 자가
마음 깊은 이에게 돌을 던지고 있었다.

어항 속 눈빛

눈감을 줄 모르는 금붕어 나는 보았다
바라보다와 들여다보다 중간쯤에서
유리벽 지나 물을 통과하는 눈빛
이토록 놀라운 금붕어인지 미처 몰랐다

눈감을 줄 모르는 눈의 배경에 있는
나뭇잎들 팔랑거리는 소리
눈빛과 눈빛의 이랑을 넘어오는 몸짓
이처럼 감미로운 향기인지 이제 알겠다

눈감을 줄 모르는 눈의 배경의 배경으로
뭉게구름 만발한 하늘
손끝에 걸쳐보고 목에 둘러본 뒤에야
부드럽고 가벼움이 손마디에 들어앉았다

눈감을 줄 모르는 금붕어는 어항 밖에서
눈감을 줄 모르는 나의 눈은 어항 안에서
어항이 내 눈감을 줄 모르는 안을 들여다보는 걸까
내가 어항의 눈감을 줄 모르는 밖을 바라보는 걸까

나뭇잎과 뭉게구름 배경으로 배경이었던 눈
눈감을 줄 모르는 배경의 배경으로 어울리게
눈감을 줄 모르는 나의 눈이 나를 바라보듯
눈 뜨고 잠드는 금붕어는 난반사의 절창이었다.

하루 해

눈썹에 걸린 수평선
가없이 아득했다

콧마루가 찡했다
몸의 중력에서 날아간 눈물

탕진한 하루 해
땅거미 두텁게 저물었다.

V

들녘에 서서

오월 어느 날

오월에는 나의 날이 있다

오월에 씨 뿌려
오월에 피어난 것처럼
오월 어느 날은 나를 품어 길렀다

한 해 동안 이리저리 날아다니다
꼭 내게 돌아와
웃어주기를 간절히 바라는 날,

어쩌다 그냥 지나칠 때가 있어
이날만은 하늘 귀퉁이에 매어두기로 했다.

오늘

산책길 달맞이꽃 엷은 그림자 기울어진 것 외에는
언덕 비스듬한 바람결에 촘촘히 나타난 토끼풀 말고는
발소리 못들은 척 멧비둘기 모이 찾기 바쁜 일 빼고는
소나기 내렸으면 쌍무지개도 떴으면 실없는 생각
지나간 오늘과 별로 다를 게 없는 오늘이다

새소리가 콕콕 쪼아 밝힌 유리창에 비친
늦은 점심 때 숭늉 맛이나 다름없는 커피 잔에 어리어
가늘게 흔들리는 억새의 은빛 파도,
일개미 땀방울 나르는 마당가 잡풀 몇 가닥 솟아오름을
오려두기 또는 붙이기로 찍는 손가락의 오늘이다

오래도록 덤덤하게 지내온 초침 소리 우거진 숲에
긋지 않는 사랑 하나 오롯이 길러 두고
얼마나 쌓였는지 왜 사라졌는지 셈 안 되는 지나간 나날
덩그러니 고요만 남은 오늘의 순서 바라보며
씨알의 껍질 벗기는 의미를 지운지 오래된 오늘이다

달맞이꽃 엷은 그림자 있음이 불안을 물리친 듯하고
새소리 밝은 유리창에 비친 숭늉 맛이 단단한 하오인데

긋지 않는 사랑의 오롯함 다행스럽게 다가와
셈 안 되는 초침 소리 쌓였음에 벌레 먹지 않는 오늘
있어, 짐짓 내일 기다리며 꽃 나눔을 믿는 날이다.

껍데기에 남은

바람에 날린 쭉정이보다
더 멀리 나뒹구는
한평생 갈아엎어 굴곡진 밭두렁처럼
쉼 없이 결은 실꾸리
감고 감아도 끝이 없었어

가득한 짐을 두고는 빠져나올 수도
쌓여있을 수도, 잠들 수도 없었는데

주머니, 지갑, 기울어진 모자
움직이는 마음 제자리잡기
가벼워야 통과하는 문의 이름
고딕체로 진하게 비쳤을 거라
청자색으로 빛날 거라는 풍문 들었어

남은 한 방울마저 태우는 촛불처럼
스스로 익음에 닿아야
풍경 열린 족족 빛나게 해야 한다는
울창한 생존 바라볼 수 있음을 믿으며

삶을 모조리 털어버린다 해도
몸 아끼지 않겠다는 맨살의 생각에

꽃을 안고 서 있는 뿌리 든든한 나무
완전히 부풀었다 잃어가는 마음
남몰래 말간 가슴 안쪽에 묻어두고
순례길 마지막 굽이 말끔한 발자국
빌대로 빈 뼈의 껍데기 남겼어.

들녘을 바라보며

햇빛을 길게 뽑아 올린 띠풀
솜털 같은 꽃 피었다 날아가면
서슬 푸른 갈대숲에 뜸부기 숨는데
모내기 바쁜 이앙기 요란하다

한 줄금 비 내린 다음날
우렁이 휘저은 논바닥엔 흥건한 땀이
초록 파도 넘실대는 김매기에 고여
오돌또기 어울리는 어깨춤 신명나고

삼복 내내 태양처럼 들끓은
수꽃 암꽃의 합창 논둑 뒤덮을 쯤
나락 물결 익어가는 들녘 바라보며
넉넉한 거둠질 미리 점쳐본다

은빛 머리카락 곱게 흘리는 억새들
해맑은 눈길은 갈바람이 가다듬고
무거워 고개 숙인 수수이삭 흔들어
뭉게구름 이끌어낸 하늘 드높다.

길 가다

길을 간다
어제 걸었던 길
오늘도 같은 길을 걷는다
종아리 힘살이 가볍다
넓적다리 풀무질이 무겁다
손쉬운 길
고비 넘기는 길
허리에 손 얹고 한숨 한번 쉴 법한데
오르막에서
내리막에서
돌부리를 차고
돌부리에 차이어 아파하며
길과 함께 걷는다
너와 함께여서 한없이 아름다운 길
벗어났다가 접어들었다가 길을 간다

길이 걷는다
나의 길이 걷는다
길이 길을 걷는다
가없는 길을 간다.

침묵하는 아픔

오뉴월
서리가 내렸을까
손이 차갑다

차가워 어두운

어둠속에서 들려오는 차가움, 차가운 떨림이
데리고 온 흐느낌을 버린, 버려진 작은 소리를
삼켜버린, 고요의 살결에 맺힌 눈물을 보았다

차가움은 큰 그리움을 간직하는가
타오르는 그리움보다
차가운 그리움이 그려질 때
방울졌는데, 흘러내렸는데, 젖을 대로 젖었는데,

빗발에 치여 쓰러진 풀잎을 생각했다

생각을 익히며
침 넘기는 소리의 표면
느슨히

또는 아주 재빠르게

혀를 벗어난 말 폭풍에
얻어맞은 척추
피 터지는 혈관을 수습하여

살아,
심장에서 뛰는 붉은피톨

소리치지 않는 웅변의 얼룩진 흔적이다.

밤을 비우다

형식도 내용도
까마득한 밤
구차하게 만년필만 만지작거리다
밤은 깊었다

검디검은 초록색 잉크 쏟아져
손가락이 번져버린 원고지
그림 같은 문장 간직하려다
구도며 색감 붓질조차 뭉개놓고
서려 두었던 흑공단 펼치어
벌레소리 칠한 다음 물소리 덧칠
바람소리 으깨어 덧바르고
별 부스러기 뿌려 여백도 뭉갰다

지는 해 검은 노을로 덮고
돋는 해 밝음 못 막은 밤
맨살 깊이 요약된 어둠의 지문들
졸음 역겨운 미간 허공에 버리고
밤의 정원에서 자라난
꽃송이 풀잎들

스스로 드러내려 애쓰는 설렘 없고
낙서처럼 쓰러졌다

캔버스도 그림도
까마득한 밤
만년필 뚜껑 열었다 닫았다 하면서
밤을 비웠다.

풀벌레

풀벌레였으면 하였네
풀잎만 먹으며 살았으면 하였네
풀잎에 앉은 풀벌레였으면 하였네

이 잎 저 풀 마음 가는 대로 속을 채우며 살았으면 하였네
한여름 뜨거운 볕에 그을린 풀잎 먹고 허물이나 몇 겹 벗었으면 하였네
세월이 좋아지면 고치를 짓고, 따뜻하고 기나긴 꿈이나 꾸자 하였네

살결 고운 달빛 걸치고 하염없이 초록 길을 걷자 하였네.

아침에

눈을 뜨니
세상 참 밝다
열린 귀엔
새소리 청아하고
가슴 여니
아침이 들어와
창을 연다.

여름 언덕

처음 본 것 같은 하늘
손 내밀어 살피면
동그랗게 만져지는 허공
실바람 사뿐히 쌓이지
실바람 위에 보슬비
안개처럼 내려앉아
이슬 맺는 가느다란 비
나뭇잎 보러 오지
새잎 받쳐 든 나무
보슬보슬 살진 초록
차분한 나뭇잎은
벌 나비 불러들여 보듬고,
솔바람 이슬비
탄탄한 씨방만 남겨두고
초여름 언덕을 짚어가지.

작은 새

나뭇가지에
딱새가 앉은 자리에는 딱새 발자국
박새가 앉은 자리에는 박새 발자국
삐비새 앉은 자리에는 삐비 삐이빗
바람이 다가와 지워보지만
또렷이 남은 흔적

새들은 발자국을 쪼며
부리를 경쾌하게 닦는다.

쑥버무리

그리 멀지 않은 옛날 옛적
웅근 곡식은 모두 다 도둑맞고
야속하게도 먹을 게 바닥을 드러내어
어렵고 추워 하소연조차 힘들었던 시절
보릿고개를 기어서 넘을지라도 버틴 건
조밥나물 망초 달맞이꽃 쑥부쟁이 능쟁이
순전히 봄나물 덕이었다 말하면
건망증이 심해 하얀 요즘 사람들 떼쓰듯
거짓말에 투표지가 과반은 더 몰릴 텐데
시금치 상추 봄동 유채 아욱 쑥갓
말랑한 목 넘김은 쌀밥 못지않았다네

과체중 줄이기에 효과가 있다는
거짓말 같은 쑥스러운 입소문을 빌미로
치유의 밥상에 오르는 쑥버무리는
자연이 선물한 선약仙藥 아니겠는가

밥이 보약이라는 말에 곁들여
반찬도 보약이라는 뜻 포개어 얹으면
입맛도 향기로운 밥맛이겠네.

Ⅵ

몽혼에서 깨어나

이별

어느 날 갑자기
어릴 적부터 가까이 지낸 동무
갔다는 소식에
가시는 날 순서 없고
가시는 날 기약 없음 깨닫고
생이별이든 사별이든 모두 비명
비명이든 숙명이든 이별은
그리움 남기고 아득해지는 것

언제 만날지 모르는 헤어짐
아내와 나 정결히 바라보았다.

이상한 순서

봄에는 모든 꽃들이 순서 없이 피었다 졌다

달달한 말만 떠들어대다가 떨어지는 벚꽃
순수한 사랑에 눌려 스러지는 에델바이스
흰 구름 향해 웃으며 날아가는 이팝나무
시름없이 모란도 계절의 모퉁이로 비켜섰다

가을 오면 모든 잎들 순서 없이 물들다 시들었다

은행잎은 하늘에서 맴을 돌다가 사뿐히 내려앉고
담쟁이는 붉으락푸르락 오르내리다 외진 데 쌓이고
생강나무 잎은 한 곳에 지고 싶어도 흩어지는데
마로니에는 언제 어디로 사라졌는지 보이지 않았다

봄꽃들 차례 지키기에 실패하고 모두 흙으로 돌아갔다
대왕참나무 마지막 잎 한 장 남아 바람결에 나부꼈다.

스치듯 가버렸으니

개나리 진달래 언제까지 피었다 지라
모란 동백 어찌어찌 시들라는 말도 없었는데
계절은 꽃잎을 아무렇게 떼었다 붙였다 하였다

깊은 여름 속에서 첫눈을 연상하다
침대에서 떨어지는 꿈속 허우적거림 때문일까
눈에 익숙하던 걸음걸이 보이지 않았다

한겨울 표면에 무화과 이미지를 새기고
물처럼 흘러, 흐르는 저승 잠을 즐기는 중일까
활달하게 날리던 웃음소리 넘쳐오지 않았다

살아있는 자들의 내밀한 방에 들락거리다가
고요 속에 잊히려고
말없이 지워지기 위해 가뭇없이 멀어져 갔는지
감쪽같이 사라졌는지
너무 안타까워 아쉬움은 껍질째 마구 굴렀다

남겨진 어색함은 추억의 책장을 뒤적이다가
이별이 성사된 다음을 까다롭게 받아들였는데
주뼛주뼛 세상은 스칠수록 무력한 표정이었다.

귀가 얇아져서

쉰에 들어서면서 걷는 걸음 수만큼, 예순을 맞아서 걷는 거리만큼
목숨부지가 길어진다는 유어비어를 나는 믿는다

하여 나는 걷는다
나는 걷고, 또 걷는다
작은 언덕에 올랐는데 금방 급한 내리막길이 나타나고, 굽이진 길 돌아 나오면 휑하니 곧게 뻗은 길 앞을 틔워 눈은 놀란다

똑같은 걸음걸이로, 한결같은 빠르기로 나아가야지 마음먹지만 다른 사람에 비하여 쳐지는 느낌은 무슨 생트집일까

앞질러가는 뒷모습
깡창대는 종아리의 날렵한 뜀질 바라보며,
앞서가는 젊은 넓적다리 힘찬 발 디딤 부러워
이렇게라도 몸놀림에 골몰하여 삐끗삐끗 어긋나지 않음에 마음을 놓고는

나비와 새들을 손짓하여 불러들이기도 하며
소나무 가지 사이로 언뜻 언뜻 보이는 하늘 조각들을 조금씩 붙여나가고
아담하게 봄나물 캐는 아낙을 그리기도 하다가
다가왔다 지나가는 가로수 휘청거림도 오려 끼우며
바람도 지쳐 한낮의 고요 속에 숨어든 꽃술의 생김새를 헤아리다 보면
심장 하나에서 아직 흘러가지 않은 나를 발견하게 되고
점점 멀어지는 따라잡기에 뒤꿈치에 몰린 뻣뻣함 염려하여 발끝의 힘 버리면 생각이 순해짐을 만나게 되는데

협잡질에 이골이 난 누구의 발언마냥 거짓에 익숙한 떠돌이 말은 귓등으로 흘리고
사리에 어긋난 귀동냥이라도
일흔 나이에 어울리는 걷기는 대퇴부를 지켜준다는
여든 살 숨쉬기는 신통하게 가벼워진다는
얼토당토않은 수다에 나는 솔깃해진다.

달개비

메마른 흙
어렵사리 뿌리내려
목숨부지 힘들었는데
하늘이 날아와
촘촘히 나부낀다

파란 나비 떼
가을이 앉았다.

몽혼曚昏*

캄캄한 세계 들어가기 전
머릿속은 소독 솜 짜듯 비운다
하늘의 하얀 별들이 들앉게
· · · · · · · · · · · · 멍하니

* 몽혼曚昏 〉 마취痲醉

달빛 미소

달빛 닿았다 스며들게

달빛 묻었다 서서히 번지게

얼굴을 곱게 닦았어요

발그레한 볼 씻었어요

침묵 머금은 미소

목련향기 묻어나는 눈웃음

오래 숨 멎고

결 고운 지문 남기려

옷깃 여미며 손 건넸는데

쪽빛 그리움이 만져졌어요.

어쩌다

보고파서
흐릿한 기억을 더듬었다
더듬을수록
가물가물 멀어졌다
그나마 아주 깜깜할까봐
쓸쓸히 꽃봉오리 쓰다듬다가
생각의 끈을 던져버렸다.

황태덕장

냉수대 태생 명태의 등반은 태백산맥 마루에 멈췄다
바늘잎나무 숲 휘돌아 구름바다 거슬러 헤치고
회유의 길목 한계령 넘어 용대리에 이르러
감태 숲이나 미역밭을 헤엄쳐 다니는 꿈에서 깼다
시베리아 절대추위 귓불에 구겨 넣고
두꺼운 얼음 얼렸다 녹였다 하는 된바람 용케 따돌리며
동지 만나고 되짚어 청명 돌아 나온 다음
팍팍하게 얼어버린 덕장의 고된 노동 풀어냈다
칼바람에 간 창자 아가미마저 빼앗기고도
허공의 덜거덕거림과 함께 승천을 꿈꾸는 것일까
발자국 희미한 지느러미에 언뜻언뜻 유빙遊氷 떠돌고
정지된 눈망울에 베링해 얼음물 사납게 쏟아졌고
고추 세운 삼각파도 거친 물보라에 나침반은 없었다
어릴 때부터 허물없이 함께 한 인연 미라처럼 말라버려
하나둘 삼삼오오 갈길 모르는 이별의 서글픈 지문들
나룻가 아낙들 비린내에서 지워진지 오래였다
뼈대 있는 족보 갈피갈피 꿈같은 유전遺傳에 이어
뼈대 없는 밥상의 민망함 골라낼 겨를 잃고 약속했는데
포근포근한 속살 썰물 빠지듯 밀려간 뒤

화석처럼 굳어버린 광대뼈의 색감으로 명태,
너는 노랗게 이름 바꾸어 천천히 익어가고 있었다.

옛 등대길

오래 전 공책표지에 꿈 돋우던 등대 생각에
산책걸음으로 올랐더니
바다와 소나무 사진 찍은 듯 오롯이 있습니다

바라보면 배경엔 변함없는 쪽빛 바다
잠간 수평선 끊었다 이으면서 서있는데
추억의 물보라 더듬는 등대 발끝이 가리키는
파도는 무더기를 폅니다

수많은 이야기 어둠 부수는 들창 넘어
돌담에서 돌담으로 이어진
숨이 턱에 차는 골목에 쏟아지는
은하수 깊은 밤의 심지에 누가 불 붙였을까요

세상인심 바뀌듯 달라지는 바닷물 흐름
사라지고 다시 나타나지 않는 어족들 기다리며
삶의 물결 다시 일으킬 그물 손질에
밤새운 열정의 눈빛
선착장을 맴돌며 온전한 안타까움에 젖습니다

바다의 꽃처럼 피어나는 별무리
무한대로 목 터지는 파도소리 아득한 절벽 위에
바다안개 돋을새김으로 돌올하게 버텨선 등대
등대지기인지 바다 늙은이인지
물보라가 쓰다듬어 받드는 해돋이를 맞습니다.

월대산 기슭에게

캄캄한 밤을 깨고 풍기어 나갔다가
돌아왔다
월대산 나무들 싱그러운 몸 그리워
여태 푸르지 못하고
나 돌아왔다
징검다리 건너고 굽이길 휘돌아
땡볕 아래 땀범벅으로 젖다가
그늘진 진흙탕에 허덕였으며
마음 아파 죽고 싶었다가도
바닥을 딛고 일어서는 다리 힘 하나로
무작정 돌아왔다
흘러가는 삶에 대한 미련 버렸으니
산꼭대기는 쳐다보지 말자
반쯤 하늘에 반쯤 허공에 걸린
기슭에서 보는 달이 더 근사할거니까
어쩌면 예상 못한 빛 쏟아질 터이니
길이 달려간 언덕에 비스듬히 서서
숲속 벌레들 소삭임 들으면서
황토 만지고 손의 느낌 이끌어내어

다시 성숙해지려는 너에게
꽃의 따뜻함 머금고 짙푸르기로 했다.

가갸 노래

가자는 밖에 한 점
갸자는 밖에 두 점
거자는 안에 한 점
겨자는 안에 두 점
고자는 위에 한 점
교자는 위에 두 점
구자는 발로 한 점
규자는 발로 두 점
그자는 가로 긋고
기자는 내려 그었네라.

〈시작 노트〉

어머니께서 유일하게 기억하여 부르시던 노래다.

이 노래는 엄밀하게 밝히면 나의 작품이 아니다. 어머니로부터 전해들은 노래 아닌 소리다. 제목도 본래 없었는데 '가갸 노래'라 임의로 필자가 붙인 것이다. 한글을 배우기 위해 민간에서 사용된 방법 가운데 한 예로 생각된다. '가'자는 밖에 한 점을 붙인다는 뜻이고, '거'자는 안쪽에 한 점을 붙인다는 것이고, '고'자는 위로 한 점을 찍으라는 의미이며, '구'자는 발쪽으로 즉, 아래쪽으로 한 점을 붙인다는 뜻이다. 이리하여 'ㄱ'에서 'ㅎ'까지 민요 비슷한 가락을 얹어 노래 부르듯 하여 글자를 익혔다고 한다.

|시집 평설|

그 연緣의 매듭과 따뜻한 교감交感

— 최승학 시인의 《가갸 노래》와 눈부신 언약

엄 창 섭

(가톨릭관동대 명예교수·모던포엠 주간)

1. 자존감의 빛남과 시적 차별화

한 편의 시는 특정한 시인에게 시적 논리의 합리성이며 가끔 조화로운 언어의 미학으로 가늠된다. 까닭에 최승학 시인의 그 연緣의 매듭과 따뜻한 교감交感 - 최승학 시인의 《가갸 노래》와 눈부신 언약의 평설 모두冒頭에서 20세기 신비주의의 시인 칼릴 지브란(Kahlil Gibran)의 "시는 마음속의 불꽃이고, 수사학은 눈송이다. 불길과 눈이 어떻게 하나가 될 수 있겠는가?"라는 물음의 제기는 응당 가늠할 점이다. 일단 언어공해가 심각한

지식·정보화 사회에 처한 대다수 이들 중 푸른 식물성 언어로 깊은 이해와 관심을 명백히 밝히고 차별성을 지닌 시적 작위作爲를 시대적 소임으로 인식하고 철저하게 수행하는 창조적 영혼은 지극히 매혹적이다.

분망한 삶의 일상에서 '목어木魚의 울림 뒤 교교皎皎한 월광에 선잠인 듯 아득할지라도' 이 지상에서 가장 완벽한 알파벳인 한글은 국보 제70호다. 한편 일제강점기인 1926년 9월 〈조선어연구회〉는 한글을 '가갸글'로 확정했음도 그렇거니와 영국의 문화학자 존 맨(John Man)이 '모든 언어가 꿈꾸는 최고의 알파벳이다.' 또 『大地』의 펄 벅(Pearl S. Buck)도 '한글은 세계에서 가장 단순하며 가장 훌륭한 글자'라는 역설도 가늠할 점이다. 지정학적으로 '천년의 땅 하슬라何瑟羅! 자연이 조화롭게 어우러진 강릉江陵'에 탯줄을 묻은 월대산인月臺山人 최승학崔乘鶴 시인은 가깝게는 고교동문으로 현재 평자가 상임고문인 월간 『한맥문학』을 통해 1997년 등단한 이후, 따뜻한 서정성이 감미로운 시흥에 감응된 첫 시집 《허튼소리》(2000)를 포함하여 묶어내는 제10 시집 《가갸 노래》(2025)는 동시대의 어느 시인에 견주어도 빛나는 자존감은 끝내 신선한 충격衝擊이다.

무엇보다 시집의 모두 격冒頭格인 〈시인의 말〉에서 '살아낸 삶의 짙푸른 흔적이다.'는 끝내 "들꽃 다발을 안개처럼 지워가는 세월/한낱 꿈밖의 꿈길로 여길지라도/나뭇잎 무성한 달맞이 터에서/온몸으로 맞는 달빛에 어찌 비할까."라는 반문反問 뒤에 비장감悲壯感은 끝내 허망한 정조情調다. 까닭에 '주어진 오늘은 내 삶에 있어 최초의 날이며 최후의 날이다.'라는 그 절박함에 맞물린 깊은 사유로 시 쓰기에 몰두해온 화자(persona)의 의중이지만, 시집의 편집구조는 〈I. 꽃의 언어(12편), II. 젊은 나무들(12편), III. 경포, 물소리(12편), IV. 사람과 사람(12편), V. 들녘에 서서(12편), VI. 몽혼에서 깨어(12편)〉와 같이 결結 고운 옷감처럼 제6부의 각각 12편이 균형감을 철저하게 유지하고 있다.

비교적 소소한 삶의 일상에서 푸른 생명의 식물성 언어로 생명외경심生命畏敬心에 의한 탐색과 성찰에 몰입하여 서정적 양감量感은 한층 경이롭다. 까닭에 '겨울의 고요를 깨우는 꽃' 매화를 직물 대상으로 확정하되 그것도 '견고히 빛나는 희디흰 미소'와의 대비對比로 "꽃잎 꽃잎에/매우 여리게/향내 눕혀 놓고서/우아하게 부르는/한 소절/소리 없는 노래.(푸른 매화)"로 빚어낸 시적 해법도 그렇거니와 꽃말이 '비밀스러운 사랑의 상징'인 해당화의 매혹 앞에서 "밤이슬에 담뿍 젖어도/파도 소리 너무 깊어/잠을 이루지 못하였다네.(해당화)"라는 그 자신의 설렘은 황홀감이다.

그같은 맥락에서 누구보다 '꽃의 언어'가 지대한 관심사關心事이기에 "가느다란 봄비 마시고/기어이 일어선 민들레/시냇물 소리 들리는 한낮/푸릇푸릇 초록 손들이 받쳐 든 꽃.(민들레 홀씨 되어)"도 '모두 감사할 일'이기에 그 자신의 여유로운 일상은 '미래가 자라는 모습 흐뭇하게 응시하며 마음에 새긴 꽃말의 뜻' 헤아리며 '풀냄새 그윽한 들녘 낭랑한 바람 향한 가지런히 손 모은 기도이기를'

소망하는 일이다.

또 한편 시 형식에서 다소 긴 호흡으로 형상화된 "어두운 느티나무 그루터기에 스러졌다./한걸음에 달려 건너던 다리 옆 코스모스길/긴 긴 터널을 지나며 갈피를 잃었다./마음 두고 사람 떠나는 소멸의 풍경이었을까(접시꽃의 결석)"의 반문反問 앞에서 그 자신은 한평생을 교직에 몸담았기에 '창문은 하나같이 조금씩 열려있었던' 그 아득한 기억의 정신풍경화에는 못내 비장감이 묻어있다. 짐짓 예술사회학자인 하우저(Arnold Hauser)가 "작가는 올바른 질문을 제기하는 것만으로 만족할지 모르나 자기 시대의 주인 노릇을 하려면 올바른 해답을 제시해야 한다."라고 언급하였듯 성숙된 개아個我의 당혹감은 수용되지 않기에, 시혼을 태우는 특정한 시인의 차별성을 점차 무화無化시키며 융합과 상승의 역동성을 좌우하는 그 행태는 매혹적이다.

2. 삶의 일상화와 맑은 영혼의 울림

모름지기 인식의 깨어남에 충실하여 감동의 마침표 하나도 놓치지 않는 관념의 일탈에서 "우리가 덧없이 흘려보낸 오늘은 앞서간 어제의 그들이 그렇게 소망하던 내일이었다."라는 소포클레스(Sophocles)의 지적은 엄숙하다. 따라서 "시는 체험이다."라는 마리아 릴케(Josef Maria Rilke)의 주장처럼 사유의 존재로 직립 보행을 하는 인간은, 생명 기표에 의한 영혼의 잔잔한

울림으로 시적 상상력을 작동시켜주는 이데아(idea)의 본질을 내포한 시어의 한계성은 서정적 미감에 응축되어 못내 빛난다.

일단 시집의 편집상 〈II부. 젊은 나무들〉에서 가끔 흔들리는 차창 밖의 '자잘하게 부서지는 하늘빛 아무도 알아보지 못하는 옥돌'로 느꺼움이 주어지기에 "옥돌이라 한들 갈고 닦지 않으면/이름 없는 잡석이나 다름없는 돌/진솔을 보고도 깨닫지 못하는/청맹과니 눈이다.(하늘빛 나뭇결)"라는 체득한 삶의 잠언箴言도 유의미하지만, "사람 견주는 버릇 버리고 하늘빛에 담겨보라는 듯/나뭇잎 사이로/하늘이 손짓한다."(나뭇잎 사이로)와 같은 하나의 장면이나 "빛을 많이 품을수록 윤택해지는 나무/ 시간이 더해지고 흙의 은혜를 먹으며 몸은 굵어진다."(젊어지는 나무)라는 현상에 '기도하는 성자의 표징'인 나무에 곁들인 "보일까말까 언덕을 돌아가는 아카시아 흩날리는 꽃잎/그들의 꿈은 무리 지어 자라나 숲을 이루는 것(젊어지는 나무)"처럼 푸른 식물성 언어로 채색된 한 폭의 사생화는 못내 고요한 분위기(情調)다.

모처럼 〈사시나무의 독백〉의 일면도 그렇거니와 '그림자마저 불그레한 시간일지라도' "잎 피는 계절을/화사한 깊고 푸름을/넉넉한 열매 시절을/풋것인 채 담고 싶어//숲길 열어/봄 노을을 기다립니다.(혼자 서있는 나무)"에서도 확증되었듯, 자신이 시적 기법의 일례로 종결어미 '-었네'와 '-렸네'를 반복적으로 작동시켜 "야생성을 잃은 꽃들이 편을 가르는데 경건한 척 검은 피부를 가진 꽃들은 우아하게 웃으려 애쓰며 다른 쪽으로 파닥이는 꽃잎 날림에 단물 빠진 비난을 날렸네.(검은 벚나무)"라는 모호함은 '경포대 가는 길가에 해돋이가 출타하여 검은 벚꽃 잎들을 까마득히 뿌렸네.'라는 시적 변명은 조락凋落 뒤의 그 허망함이다.

특히 그 자신이 '뒤곁에 발 구르며 흐르는 물소리 가져와 빛나는' 정황에 비춰 "흘렀으므로 거세게 떨어지고/머리로 내는 소리의 공명으로/새벽의 피부를 두드린다.(새벽 물소리)"의 일면도 그렇거니와 '하루 종일 바다 물끄러미 바라보는 마음에는 불현듯 보이는 시점'에서 "수억만 년 지났으면 또 어떤가./파도 바라보며 멍한 오늘 그냥 좋지 않은가.(바다의 눈짓)"라며 그렇게 반복되는 물음의 시적 감응感應은 이처럼 측은지심惻隱之心이다. 까닭에 '간간이 불어주는 실바람이 접어주는 물 주름 머문, 거기'를 아우르는 〈경포습지에서〉 "말인즉/가시연 탓이라지만/그 그늘/날카로운 가시 있어/떼를 지은 어리연꽃/키 얕은 미소 때문일 터."를 식별하지 않더라도 '어림짐작 갸웃거림의 바스러진 세월'을 비껴가다가 끝내 "냇물 따라 사라진 곳 어디였는지/거부의 몸짓도 못 남기고 스러졌는지/고사목처럼 삭아버린 한恨 아득하였다.(느릅나무 냇가)"라는 그날의 감회는 진실로 눈물겹다.

또 한편 '마른 잎 구르듯 고요 부르는 몸짓 고무신 끄는 소리'에 잇닿은 그 자신의 시적 형상화는 "동자스님에서/행자스님으로/노스님까지 섬긴/발의 발원이여.(하얀 고무신)"를 통해서 확증되는 의미망도 그렇거니와 '가진 것 없어 마음이 비어있는 사람'의 〈가벼운 사람〉의 시적 통로는 마침내 "꽃바람 일어나는 벌판/깊이 팔수록 서술이 진부하다.//대본에서 밀려난 내 물결/땅 멀미하며 구겨져 낡아간다.(느린 편지)"에서 지상에 갈앉은 낮은 음조音調로 시적 정감을 못내 일깨워줄 것이다.

그같은 맥락에서 다음의 시편 〈빨랫줄〉이나 〈마음 깊은 이〉에서 새삼 유추되는 바라면 시의 큰 틀 짜기와 맞물린 그 자신의 시편을 통해 현실적으로 이 땅에 창조한 소중한 생명체는 바로 '서로에게 빛을 나눠주어야 하는 사람'이기에, 꿈을 상실한 소외된 타자에게 비교적 짧은 호흡으로 시상을 응축시켜 놓은 그 존재감은 생명의 은총으로 읊어낸 눈부심이다. 따라서 진정한 그 자신의 지나온 삶에 있어 감회感懷의 서술이라면 프란시스코(Franciscus) 교황의 "살아있는 자만이 춤출 수 있다."라는 일깨움에 시적 상상력의 확장은 별개일 수 없다. 한편 "어미의 가슴가리개를 찌그러뜨린 딸의 빨간 브래지어//바람에 맡겨두었던 얼굴들 가볍게 말랐다.(빨랫줄)"의 보기나 "갯바위에 부딪혀 산산 조각난/꿈을 꿰어 맞추느라/물보라는 그리도 애써 형형색색 되었던가.(마음 깊은 이)"라는 물음 앞에서 시적 의미망을 가늠할 바다.

혹여 따뜻한 감성의 소유자로 정신작업에 종사하는 그 자신이 '어쩌다 그냥 지나칠 때가 있어 이날만은 하늘 귀퉁이에 매어두기로 했을지라도' "오월에 씨 뿌려/오월에 피어난 것처럼/오월 어느 날은 나를 품어 길렀다.(오월 어느 날)"에서 시적 감응(感應)을 체득할지라도, 또 그렇게 '오뉴월 서리가 내렸을까? 손이 차가운' 정황도 때로는 감내할 일이지만, 그 자신의 시적 이미지를 형상화한

〈침묵하는 아픔〉에서 "어둠 속에서 들려오는 차가움, 차가운 떨림이/데리고 온 흐느낌을 버린, 버려진 작은 소리를/삼켜버린, 고요의 살결에 맺힌 눈물을 보았다."에서 비교적 호흡이 단조로워 메르헨(Märchen)적인 분위기를 회화로 그려내는 "열린 귀엔/새소리 청아하고/가슴 여니/아침이 들어와/창을 연다.(아침에)"는 신선한 충동이다. 까닭에 '새들은 발자국을 쪼며 부리를 경쾌하게 닦는' 그 같은 현상 뒤 "박새가 앉은 자리에는 박새 발자국/삐비새 앉은 자리에는 삐비 삐이빗/바람이 다가와 지워보지만/또렷이 남은 흔적(작은 새)"의 일면에서 맑은 음조(音調)는 자유로운 바람의 영혼처럼 어지럼증으로 변주되기에 묵언으로 지켜볼 점이다. 이같이 따뜻한 영성과 엄숙한 생명감을 그 자신의 시편에 견주어 심층적으로 분할·통합하는 과정에서 인생의 황혼기에 산정(山頂)을 오르는 서정성의 동일화 현상은 새삼 차별성을 지니기에 이채롭다.

또 한편 뒤돌아보면 지나쳐온 '어렵고 추워 하소연조차 힘들었던 시절'이어도 "보릿고개를 기어서 넘을지라도 버틴 건/조밥나물 망초 달맞이꽃 쑥부쟁이 능쟁이/순전히 봄나물 덕이었다 말하면/건망증이 심해 하얀 요즘 사람들 떼쓰듯/거짓말에 투표지가 과반은 더 몰릴 텐데(쑥버무리)"라는 아쉬움에도 온 가족이 밥상에 둘러앉던 그 다감한 정경情景이 지워지지 않는 문신文身처럼 기억에 또렷하다. 이같이 삶의 일상에서 잠시 호흡을 가다듬고 지순한 모성의 위대한 사랑과 지극한 희생을 헤아릴 따름이다. 까닭에 자잘한 직물 대상에 모파상(Guy de Maupassant)의 〈한 오라기 끈〉처럼 증오심이 생명

세포를 죽이는 현상을 그 자신은 식별하고 있기에 '존재의 뿌리인 가정'에 대한 기대감은 공감대의 맞물림으로 '하늘의 언어인 감사感謝의 궤'를 함께하는 끝내 '감동의 느낌표!'다.

특히 창조적 행위의 등가물等價物로 제시된 '꽃과 별, 그리고 열매'는 자연 본래의 의미이며 질료質料인 까닭에 지상의 꽃은 울음을 동반하고 승화하여 천상天上의 별과 끝내 시詩가 된다. 한편 그 자신의 대다수 시편 또한 자연 친화적인 바탕 위에 뿌리를 내려 지극히 천상의 영성과도 접맥된다. 바로 그것은 삶에 대한 진지하고 절박한 소망으로 한순간 끝남이 아닌 지난至難한 몸부림이다.

3. 감동의 느낌표와 산정의 만보漫步

여기서 최소한 정신작업의 종사자라면 '생명력을 지닌 창조적인 작품을 가지고 응당 평가를 받아야 할 일이기에' 심리학에서 '감사(gratitude)'도 능력의 개인차와 결부되고 있음은 유념할 바다. 차제에 개념도 불투명한 이념의 문제로 대립과 갈등으로 치닫는 비정한 시간대에서 점차 효孝 문화가 퇴색되어 부모에 대한 무관심의 보편화는 실로 안쓰럽다. 비록 고대 로마 사회에서 노인을 데폰타니(Depontani)라 지칭했는데 '다리에서 떠민다.'라는 의미로 부양에 지쳐 그 자신의 부모를 다리에서 떠밀어 익사시켰던 폐습과 연관성을 지니기에 시적 상상의 자유로운 교감을 거쳐 빚어낸 그 자신의 시편은 안식할 처소가 없어 방황하는 상처 입은 영혼에 '존재의 뿌리'인 가정을 통해 신선한 감동 또한 안겨줄 일이다.

이같이 최승학 시인이 일관성을 유지하고 중량감 있게 형상화하였듯 호흡하는 삶의 공간에서 '모성母性이나 모국어에 관한 느낌과 공감'은 응당 집념의 징표인 공의를 밝히는 불燈이며, 푸른 생명의 기표이다. 무엇보다 「VI. 몽혼에서 깨어나」에 수록된 시편 중 '봄꽃들 차례 지키기에 실패하고 모두 흙으로 돌아갔을지라도' "담쟁이는 붉으락푸르락 오르내리다 외진 데 쌓이고/생강나무 잎은 한 곳에 지고 싶어도 흩어지는데/마로니에는 언제 어디로 사라졌는지 보이지 않았다.(이상한 순서)"의 양상은 시적 해법의 당위성이다. 차제에 '쉰에 들어서면서 걷는 걸음 수만큼, 예순을 맞아서 걷는 거리만큼 목숨 부지가 길어진다는 유언비어를 확신하는' 연유로, "깡창대는 종아리의 날렵한 뜀질 바라보며,/앞서가는 젊은 넓적다리 힘찬 발 디딤 부러워/이렇게라도 몸놀림에 골몰하여 삐끗삐끗 어긋나지 않음에 마음을 놓고는(귀가 얇아져서)"을 통해 확증됨도 그렇지만 이채롭게도 다음 인용하는 기승전결起承轉結 4단 구조의 시편인 〈몽혼曚昏〉에서 긴장감이 응축된 그만의 존재감은 눈부심이다.

> 캄캄한 세계 들어가기 전
> 머릿속은 소독 솜 짜듯 비운다.
> 하늘의 하얀 별들이 들앉게

· · · · · · · · · · · · · 멍하니

— 〈몽혼矇昏〉 전문

모름지기 그 자신의 필명인 '월대산인月臺山人'과 연계 층위인 담백한 시격詩格의 시편에서 '흘러가는 삶에 대한 미련 버렸으니 산꼭대기는 쳐다보지 말자.'를 가늠하면서도 "그늘진 진흙탕에 허덕였으며/마음 아파 죽고 싶었다가도/바닥을 딛고 일어서는 다리 힘 하나로/무작정 돌아왔다.(월대산 기슭에게)"라는 일면의 막연한 기대감은 '월대산 나무들 싱그러운 몸 그리워 여태 푸르지 못할지라도' 삶의 황혼녘을 만보漫步하는 '느림의 미학'으로 울컥 나직한 통곡痛哭을 토해낸다.

특히 시집의 표제 시격詩格에 잇닿은 〈가갸 노래〉는 그 자신의 〈시작 노트〉에서 서술하였듯 "이 노래는 엄밀하게 밝히면 나의 작품이 아니다. 어머니로부터 전해들은 노래 아닌 소리다. 제목도 본래 없었는데 '가갸 노래'라 임의로 필자가 붙인 것이다. 한글을 배우기 위해 민간에서 사용된 방법 가운데 한 예로 생각된다. '가'자는 밖에 한 점을 붙인다는 뜻이고, '거'자는 안쪽에 한 점을 붙인다는 것이고, '고'자는 위로 한 점을 찍으라는 의미이며, '구'자는 발쪽으로 즉, 아래쪽으로 한 점을 붙인다는 뜻이다."라는 그 식별력은 아름다운 삶의 지혜요, 교시敎示에 해당한다.

가자는 밖에 한 점/갸자는 밖에 두 점/

거자는 안에 한 점/겨자는 안에 두 점/
고자는 위에 한 점/교자는 위에 두 점/
구자는 발로 한 점/규자는 발로 두 점/
그자는 가로 긋고/기자는 내려 그었네라./

— 〈가갸 노래〉 전문

그렇다. 빈자貧者의 성녀인 마더 테레사(Mother Teresa of Calcutta)나 오늘도 지구촌의 고통 받는 타자를 위해 가스펠 송을 부르는 스웨덴의 레나 마리아(Lena Maria)처럼 소외된 이웃을 섬기고 베풀며 밝은 미소로 일관했던 모친에 대한 회감懷感은 아득한 담채색의 정신풍경화로 확대되어 때로는 와락 억장이 내려앉기에 '다 부르지 못한 사모곡의 아쉬움'엔 오늘도 〈가갸 노래〉로 끝내 다정다감이다.

결론적으로 "예술에는 국경이 없지만, 예술가에게는 조국이 있다."라는 오랜 평자의 지론처럼 '삶의 지혜와 수분守分의 시학'에 스스럼없이 충직하며 지상에 갈앉은 나직한 음조로 항상 자애로운 모친의 심성을 순은純銀이 빛나는 아침 창가에서 비록 서툰 음조로 《가갸 노래》의 시첩詩帖에 담아내어 밤하늘의 성좌로 빚어낸 그 이미지의 형상화는 존재감의 빛남이다. 까닭에 깊은 사유를 걸쳐 빚어진 그만의 시편에서 소박한 삶의 통찰이 예감될뿐더러 응축된 시 의미의 감수성은 더없이 느껍다. 따라서 푸른 식물성 언어로 빚어낸 나뭇가지에 '물오르는 소리며 새싹 트는 떡잎의 기지개, 그리고 목숨 가진 것의 경건한 자리매김'에 신선한 감동의 울림 폭은 지대하다. 모쪼록 따뜻한 감성과 자존감이 올곧은 최승학 시인은 지극히 인간적인 심성의 일념一念에 이끌려 애증愛憎을 끊어버리지 못할지라도 평자의 각별한 기대감은 '극소수의 창조자'로서 엄숙한 역사적 소임의 명백한 수행일 따름이다.

계간문예시인선 215

최승학 시집 _ 가야 노래

초판 인쇄 2025년 3월 10일
초판 발행 2025년 3월 15일

지 은 이 최승학
회 장 서정환
발 행 인 정종명
편집주간 차윤옥

펴 낸 곳 도서출판 계간문예
주 소 03132 서울 종로구 삼일대로 30길 21 종로오피스텔 1209호
전 화 (02) 3675-5633 팩스 (02) 766-4052
이 메 일 munin5633@naver.com
홈페이지 http://cafe.daum.net/quarterly2015
등 록 2005년 3월 9일 제300-2005-34호
연 락 처 03132 서울 종로구 삼일대로 32길 36 운현신화타워 305호
인 쇄 54991 전북 전주시 완산구 공북1길 16, 신아출판사
ISBN 978-89-6554-313-8 04810
ISBN 978-89-6554-118-9 (세트)

값 12,000원